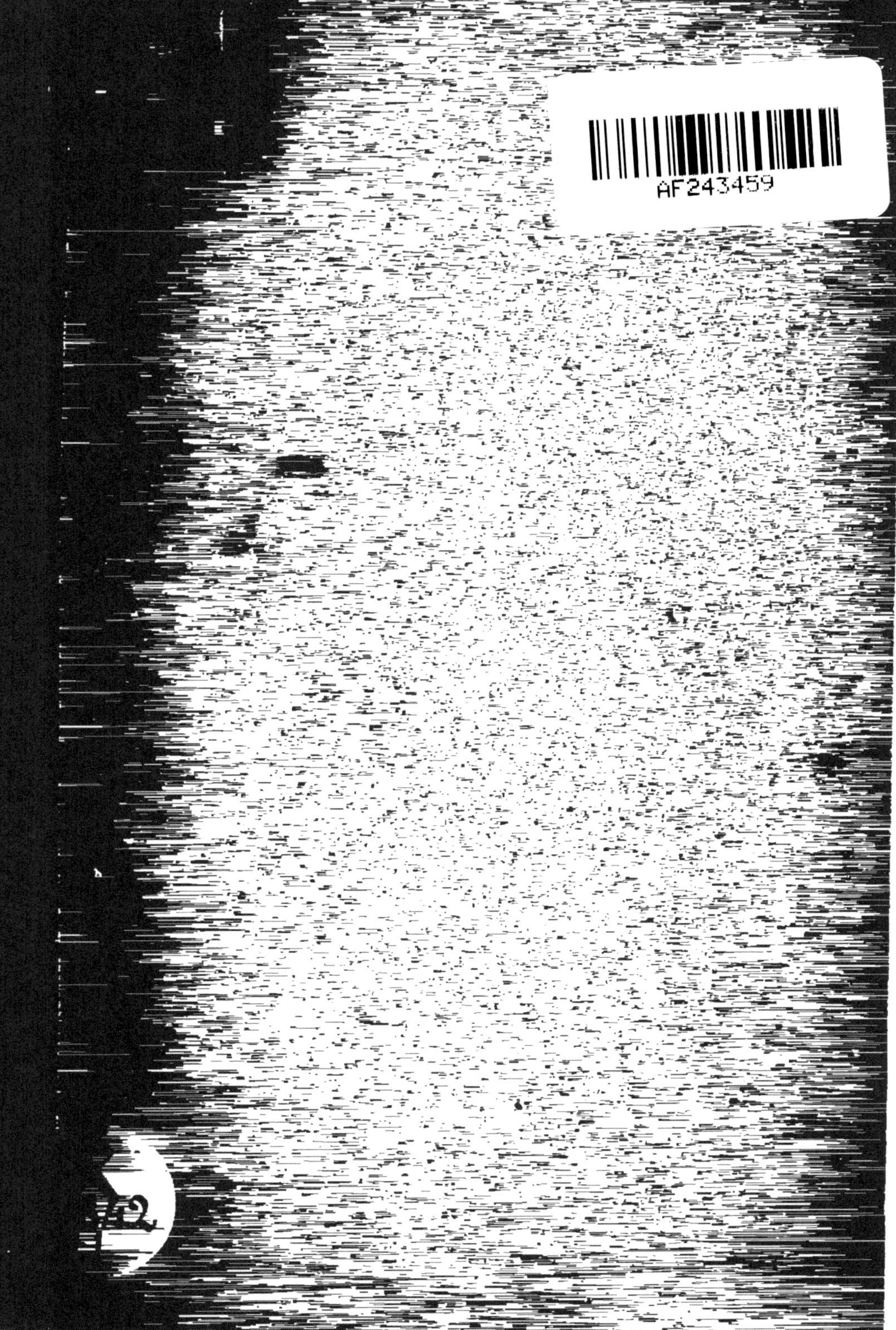
AF243459

STATUTS

POUR L'ACADÉMIE

DES JEUX FLORAUX.

Deuxième Édition,

AUGMENTÉE

DES DÉLIBÉRATIONS RÉGLEMENTAIRES INTERPRÉTATIVES DES STATUTS ,
ET DES USAGES ET PRÉCÉDENTS DE L'ACADÉMIE.

TOULOUSE ,

IMPRIMERIE DE JEAN-MATTHIEU DOULADOURE,
RUE SAINT-ROME, N° 41.

1853.

ÉDIT DU ROI,

Donné à Compiègne au mois d'Août 1773,

CONTENANT

STATUTS POUR L'ACADÉMIE DES JEUX FLORAUX

DE TOULOUSE,

Avec l'Arrêt de registre du 5 Février 1774.

LOUIS, par la grâce de Dieu, Roi de France et de Navarre, à tous présents et à venir, SALUT. La protection que notre auguste bisaïeul et nous avons toujours accordée aux belles-lettres et aux sciences nous ayant déterminé à autoriser l'établissement de plusieurs Académies dans différentes villes de notre obéissance, l'Académie des Jeux Floraux, rétablie à Toulouse en mil six cent quatre-vingt-quatorze, nous a fait représenter que, lors de son rétablissement, elle avait reçu des Règlements qui se trouvent peu conformes aux mœurs de ce siècle, aux usages des autres compagnies littéraires, et à l'égalité qui doit régner entre les gens de lettres, et qu'en conséquence elle désirerait de les réformer. C'est pourquoi, ayant égard à l'utilité et à l'ancienneté de ce corps académique, qui existait avant l'année treize cent vingt-trois, et dont la réputation s'est soutenue depuis plus de quatre siècles, tant par les travaux de ses membres que par les libéralités de dame Clémence d'Isaure, sa bienfaitrice; voulant ranimer de plus en plus l'émulation de ceux qui cultivent les belles-lettres, et leur donner des témoignages particuliers de notre bienveillance; A CES CAUSES, de l'avis de notre Conseil, qui a vu les lettres patentes du Roi Louis XIV d'illustre mémoire, portant le rétablissement des Jeux Floraux en une Académie des belles-lettres; nous avons, de notre grâce spéciale, pleine puissance et autorité royale, approuvé et autorisé, en tant que de besoin, approuvons et autorisons par ces présentes, signées de notre main, tous les changements et corrections faits dans les anciens Statuts, refondus et réduits en quatre titres, dont la teneur s'ensuit :

TITRE PREMIER.

Des personnes qui doivent composer le corps des Jeux Floraux ; de ce qu'on doit observer dans les élections, les installations, les démissions, les exclusions, et les partages.

ARTICLE 1er.

LE corps des Jeux Floraux sera composé, comme auparavant, de quarante mainteneurs ou académiciens, et des maîtres des Jeux. Le chef du consistoire sera l'un des quarante, comme académicien-né, et l'on désignera, parmi les capitouls de chaque année, trois bailes qui seront invités au jugement des ouvrages ; ces trois capitouls auront seuls le droit d'assister aux assemblées publiques, conformément à nos lettres patentes de mil six cent quatre-vingt-quatorze, et d'y paraître en robe consulaire (1).

ART. 2.

Suivant l'institution primitive des mainteneurs

---

(1) Le préfet de la Haute-Garonne est académicien-né. (*Délibération du 23 mars 1813.*)

Le maire de Toulouse est aussi académicien-né, comme remplaçant l'ancien chef du consistoire.

et des maîtres, le but essentiel qu'ils doivent se proposer, est de travailler principalement à se perfectionner dans les règles de la critique et du goût, afin de pouvoir distribuer, avec toute l'équité et le discernement possible, les différents prix qui ont été fondés pour encourager les talents et les rendre utiles à la patrie. L'énumération et la valeur de ces prix seront annoncées chaque année dans un programme, comme il sera expliqué ci-après.

Art. 3.

Les maîtres des Jeux Floraux, qui représentent les anciens *docteurs en gaie science*, ne pouvant être assez multipliés, leur nombre ne sera point fixé. Les auteurs qui voudront parvenir à ce degré honorable doivent avoir remporté trois prix, parmi lesquels doit être celui de l'ode, ou trois fois le prix du discours, suivant les lettres patentes du dix-neuf mai mil sept cent quarante-six (1).

Art. 4.

Lorsqu'on aura suffisamment constaté qu'un auteur a remporté ce nombre de prix, il lui sera permis de demander des lettres de maître des Jeux ; mais pour les obtenir, il lui faudra les

---

(1) Pour l'obtention des lettres de maîtrise, le prix réservé du genre comptera comme le prix de l'année. (*Délib. du 7 avril 1820.*)

deux tiers des suffrages donnés par scrutin, dans une assemblée convoquée à ce sujet, où seront appelés tous les mainteneurs et les maîtres qui se trouveront à Toulouse; après quoi, si les lettres lui sont expédiées, il ne pourra plus concourir pour les prix; mais il aura le droit toute sa vie d'assister comme juge, et d'opiner avec les académiciens et les autres maîtres, aux assemblées publiques et particulières qui regardent seulement le jugement des ouvrages et l'adjudication des prix. Si un maître se trouve en concurrence pour une place de mainteneur avec un autre aspirant, il sera préféré, quand même il aurait un suffrage de moins; c'est-à-dire, qu'il faudra deux suffrages de plus à son concurrent, et qu'il y aurait partage s'il n'y en avait qu'un au-dessus (1).

Art. 5.

L'Académie pourra aussi, lorsqu'elle le jugera à propos, et par des raisons supérieures, accorder de pareilles lettres de maîtrise à certains lit-

----

(1) Les maîtres nouvellement nommés qui se trouveront à Toulouse lors de la séance solennelle du 3 mai, seront introduits par le parrain qu'ils auront choisi. Après avoir reçu les lettres de maîtrise des mains du président, ils prononceront un remercîment, et prendront place avec les académiciens. (*Séance du 3 mai 1826, délibérations des* 25 *mai* 1827 *et* 15 *avril* 1842.) Ils sont membres du corps des Jeux Floraux, mais ils ne sont appelés ni à la séance de la Semonce, ni à celles où sont nommés les mainteneurs. (*Délibérations des* 2 *février* 1827 *et* 17 *février* 1843.)

térateurs célèbres, et à des auteurs étrangers, même à des femmes, pourvu que ce soit toujours avec le nombre de suffrages prescrit.

Art. 6.

A l'égard de celles qui auraient mérité des lettres de maîtrise par leurs ouvrages couronnés, elles n'auront ni rang, ni séance, ni droit de suffrage parmi les juges dans les séances particulières, à cause de la pudeur de leur sexe. Ces lettres seront dressées dans la même forme qu'elles l'étaient anciennement (1)

Art. 7.

Lorsqu'il viendra à vaquer une place de *Mainteneur* (appelés ainsi parce qu'ils maintenaient autrefois et défendaient les règles de la poésie dans les disputes), on en déclarera la vacance dans la plus prochaine assemblée ordinaire, et l'on renverra la nomination à trois semaines, à compter du jour que la place aura été déclarée vacante, afin qu'on ait le temps de connaître les sujets qui se présenteront pour être nommés (2).

---

(1) Les femmes qui obtiennent ces lettres ont le titre de *Maître* et non de *Maîtresse*. (*Délibérations des 21 juillet* 1809 *et* 29 *janvier* 1819.)

(2) La déclaration de vacance ne sera délibérée qu'à la séance qui suivra celle où un membre en aura fait la proposition. Cette déclaration ne peut être valablement faite que par une majorité

Art. 8.

On se rassemblera au vingt-unième jour, sans autre délai, pour prononcer l'éloge du défunt (1) et pour procéder à l'élection, qui se fera par scrutin et à la pluralité des voix ; c'est-à-dire, que s'il y a plusieurs aspirants, l'élu devra avoir au moins une voix au-dessus de la moitié de la totalité des suffrages (2).

Art. 9.

Les académiciens qui n'auront point assisté à une des trois assemblées particulières tenues avant le jour de l'élection, et qui ne pourront point affirmer sur leur honneur n'avoir point

---

composée de *sept* membres au moins. (*Délibération du 6 juin 1828.*)

Les officiers en exercice, et les modérateurs et sous-modérateurs des deux derniers trimestres, assistent, au nom de l'Académie, aux obsèques des mainteneurs décédés à Toulouse. L'Académie fait célébrer un service en commémoraison de ceux de ses membres qu'elle a perdus, et deux commissaires sont chargés d'y inviter la famille du défunt. (*14 juillet, 4 et 18 août 1857.*)

(1) L'usage actuel est de ne prononcer l'éloge du défunt que le jour de la réception de son successeur. (*Voir ci-après la note sur l'art. 11 du même tit.*)

(2) L'Académie a décidé que, quand le nombre des votants est impair, il suffit, pour valider l'élection, que le candidat obtienne la majorité des voix ; par exemple, 9 voix sur 17, 10 voix sur 19, 11 voix sur 21, etc. (*Délibération du 7 janvier 1855.*)

Elle a également décidé qu'un candidat ne pourra être élu s'il n'a obtenu au moins 9 suffrages. (*Autre délibération du même jour.*)

promis leur suffrage, sur quoi ils seront inter-
pellés par le président, ne seront point vo-
caux (1).

ART. 10.

Le candidat sera obligé de se présenter à celui
qui se trouvera modérateur de l'Académie, pour
le prier de le proposer; sans quoi il ne serait pas
éligible. On observera de n'admettre au concours
que des sujets d'un caractère sociable, et qui
joignent à des mœurs douces et honnêtes des
talents reconnus, et surtout un grand amour
pour les lettres. En un mot, on ne saurait
prendre trop de précautions pour acquérir un
confrère utile au corps, et dont le choix soit au
gré du public. On donnera la préférence aux
personnes domiciliées à Toulouse, qui seront
d'un état libre, indépendant, et moins dissipé
dans le monde.

Deux mainteneurs seulement pourront être

---

(1) L'Académie, interprétant le sens de cet article, a décidé que,
pour avoir droit de suffrage, il faut tout à la fois avoir assisté à
l'une des trois séances qui ont précédé celle où la nomination a
lieu, et pouvoir affirmer qu'on n'a point promis sa voix aux candi-
dats. (*Délibérations des 14 août 1818 et 2 juin 1837.*)

Elle a décidé de plus, que, si la séance de nomination n'avait
pas lieu trois semaines après la déclaration de vacance, cette cir-
constance ne changerait rien au droit de vote, qui demeurerait
restreint à ceux qui l'auraient acquis conformément à l'art. 9 des
Statuts. (*Délibération du 10 juin 1831.*)

Un membre non vocal peut prendre part aux délibérations qui
précèdent ou suivent l'élection. (*13 juillet 1832.*)

choisis dans les villes d'alentour, et être dispen-
sés d'assister aux assemblées de l'Académie.

Art. 11.

Les réceptions se feront désormais en public,
pour donner plus de lustre aux places, et plus
d'émulation aux aspirants. Huit jours après l'élection, le candidat élu, après avoir passé à la porte
de chacun des académiciens, se rendra chez un
d'eux, qui lui servira de parrain et l'introduira
dans la salle des assemblées publiques, où il
prendra sa place à la gauche du modérateur,
pour prononcer son compliment. Le président lui
répondra sur le champ; après quoi la séance sera
terminée (1).

Art. 12.

S'il arrivait que plusieurs mainteneurs s'ab-
sentassent pendant cinq ans, sans paraître à
l'Académie, et sans qu'on puisse espérer leur
retour, à moins qu'ils ne fussent retenus par des
raisons d'état, on pourra alors leur demander et
recevoir leur démission. Sur leur refus, on leur

---

(1) D'après un usage introduit depuis que l'Académie a repris ses
travaux, en 1806, l'éloge du prédécesseur du nouvel académicien
est prononcé en séance publique, immédiatement avant la lecture
du remercîment. Ce remercîment est soumis, quinze jours au
moins avant la séance, au président, chargé de répondre, et ce
dernier rend compte à l'Académie de l'examen qu'il en a fait.
(*Séance du* 20 *août* 1813.)

fera trois sommations préalables , après quoi on nommera à leur place. C'est le seul moyen de remédier à la désertion des membres , qui est une des grandes maladies d'un corps littéraire, et c'est le seul cas où les démissions puissent avoir lieu.

Art. 13.

On pourra exclure aussi tous ceux qui par quelque forfaiture particulière ou offense grave envers quelqu'un de leurs confrères, se rendront indignes de la société des honnêtes gens ; mais soit pour ces causes ou pour quelque autre, personne ne pourra être exclu ni remplacé que dans une assemblée générale, convoquée à ce sujet, composée au moins de dix-huit académiciens ; et dans tous les cas, l'exclusion n'aura lieu que lorsqu'elle passera aux deux tiers des voix.

Art. 14.

Tous les partages qui se feront dans les élections quelconques, et dans les autres jugements académiques, seront vidés sur-le-champ par les trois plus anciens mainteneurs qui se trouveront présents ; et, supposé que ceux-ci ne fussent pas d'accord, ce sera au président ou modérateur à décider en dernier ressort (1).

____

(1) Pour les *billets blancs*, voir ci-après l'art. 30 de la délibération du 22 février 1851, concernant l'ensemble du tit. iv des Statuts.

TITRE SECOND.

Des officiers de la compagnie, de leurs fonctions, et de la manière de procéder à leur nomination.

ARTICLE 1er.

ON choisira, parmi les seuls mainteneurs, les officiers suivants, savoir : un Modérateur ou président; un Sous-modérateur ou vice-président; deux Censeurs; un Dispensateur; le Secrétaire perpétuel, et le Secrétaire particulier des assemblées ordinaires. Tous les autres officiers demeureront abolis. Il y aura, comme ci-devant, un bedeau et un imprimeur.

ART. 2.

L'élection du Modérateur et du Sous-modérateur se fera tous les trois mois, au sort, suivant l'ancien usage. Après leur trimestre, le nom de ceux qui sortiront de charge ne pourra être réuni dans le scrutin que six mois après, pour éviter que le sort ne tombe toujours sur les mêmes sujets. On nommera pour le trimestre d'octobre, avant de prendre les vacances au mois de septembre (1).

---

(1) Le tirage au sort peut avoir lieu même pendant les Jeux. (1er *avril* 1808.) Néanmoins, l'usage de l'Académie est de procéder cette opération à la dernière séance ordinaire du mois de février.

Ils présideront l'un au défaut de l'autre à toutes les assemblées, tant publiques que particulières, de même qu'aux commissions, qui seront toutes indiquées par eux, pour préparer certaines matières de délibération. Ils maintiendront partout l'ordre et la discipline, donneront la parole, recueilleront les suffrages, et feront les propositions et les annonces nécessaires. L'éloge des académiciens qui mourront pendant leur trimestre, de même que les discours aux remercîments des récipiendaires, seront faits par le Modérateur ; de sorte cependant que, s'il vient à mourir deux académiciens dans un trimestre, le Modérateur fera l'éloge du premier, et le Sous-modérateur celui du second, ainsi de suite, sans entendre empêcher que les droits de l'amitié ou du sang ne puissent quelquefois réclamer et obtenir l'avantage de louer un ami ou un parent, comme cela s'est pratiqué dans certaines circonstances (1).

Art. 3.

En l'absence de ces deux officiers, la prési-

---

(1) L'éloge de l'académicien décédé étant aujourd'hui prononcé à la séance publique tenue pour la réception de son successeur (voir ci-dessus la note de l'art. 11, tit. 1er), ce n'est plus le président qui est chargé de composer ce discours, attendu qu'il doit prendre la parole dans la même séance pour répondre au récipiendaire, conformément à la disposition finale de l'article précité.

dence appartiendra de droit au premier Censeur, puis au second ; et, à leur défaut, au plus ancien de la compagnie, suivant l'ordre et la date de sa réception. Le président n'aura de place fixe que dans les séances publiques.

Art. 4.

Les Censeurs seront commissaires-nés de toutes les commissions, ainsi que le Modérateur et le Sous-modérateur. Ils vérifieront toutes les dépenses et tous les comptes. Ils veilleront à l'observation des règles académiques, exerceront leur censure sur les abus qui pourront se glisser dans la compagnie, et ils en rendront compte dans une assemblée convoquée à ce sujet tous les trois mois en leur nom et par leur ordre. Aucun ouvrage ne pourra être imprimé dans le Recueil de l'Académie qui ne soit paraphé et visé de leur main, comme étant les principaux commissaires d'impression. Ils seront, en un mot, les surveillants fidèles de la compagnie. Leurs fonctions dureront une année, et ils pourront être continués, si on le juge nécessaire, et s'ils ne s'y opposent pas. Cette nomination se fera par scrutin, et à la pluralité des suffrages.

Art. 5.

La fonction du Dispensateur sera de retirer,

de concert avec le Secrétaire perpétuel, la somme de mille six cent soixante livres due par la ville, et de la déposer dans le coffre, dont ils auront chacun une clef, à l'exception de la somme de trois cents livres qu'il gardera en ses mains, comme par ci-devant, pour fournir à certaines dépenses particulières et accoutumées. Il rendra compte de sa gestion, ainsi que les autres officiers, aux Censeurs et au Modérateur; à leur défaut, à des commissaires nommés par le président; et le résidu de la somme de trois cents livres sera remis sur-le-champ dans le coffre de l'Académie. Il entrera dans tous les marchés et arrangements que le secrétaire perpétuel pourra faire avec les officiers, sur la matière et la façon des prix, et autres dépenses économiques et extraordinaires de l'Académie. Le Dispensateur sera nommé chaque année, à la rentrée du mois de janvier, par scrutin, à la pluralité des suffrages, et ne pourra être élu une autre fois que deux ans après qu'il aura rendu ses comptes (1).

Art. 6.

Le Secrétaire sera perpétuel et à vie, sans qu'il puisse donner sa démission ni demander un ad-

---

(1) Par délibération du 27 avril 1841, le Dispensateur alors en exercice fut délégué pour ester en justice au nom de l'Académie.

joint, que dans une assemblée générale de l'Académie convoquée à ce sujet, et dont la cause sera
motivée sur les billets de convocation, comme
pour toutes celles qui seront de quelque importance (1).

Art. 7.

L'office de chancelier demeurant aboli, le Secrétaire perpétuel gardera les sceaux de l'Académie, qui seront regravés et refaits au plus tôt.
Il en fera les empreintes en cire verte, comme le
tout se pratiquait dans l'ancien temps, et signera
tout ce qu'il scellera, sans aucune espèce de frais
pour expédition. Il sera chargé de la correspondance extérieure ; c'est-à-dire, de faire distribuer les Recueils de l'Académie suivant leur des-
tination accoutumée, d'envoyer des programmes
aux journalistes, et les avis nécessaires aux auteurs. Il entretiendra des liaisons littéraires avec
les autres secrétaires et les écrivains célèbres de
l'Europe, pour suivre le fil et les progrès des
connaissances de l'esprit humain. Il n'oubliera
point qu'un secrétaire attentif est l'âme d'une
Académie, et qu'il peut contribuer plus que personne à lui procurer tout le lustre dont elle est
susceptible. Il sera nommé à la pluralité des

---

(1) Le 28 mai 1813, l'Académie donna *un adjoint* au Secrétaire
perpétuel (M. Poitevin Peytavi), qui envoyait sa démission et
allait s'établir dans un lieu éloigné de Toulouse.

suffrages, et par scrutin. Cet officier sera chargé encore de recevoir les ouvrages qui lui seront remis pour prétendre aux prix, au temps et dans le délai qui sera fixé par l'Académie dans son programme. Il aura un registre exprès pour cet usage, où il inscrira, comme par ci-devant, le nom, la qualité et la demeure des personnes qui lui auront remis les ouvrages. Ces personnes doivent être domiciliées à Toulouse, et signer le registre en recevant le récépissé que le Secrétaire aura signé et paraphé de sa main.

Art. 8.

Le Secrétaire perpétuel sera commissaire-né dans toutes les commissions; il se mêlera de convoquer les assemblées extraordinaires et générales, après s'être concerté au préalable avec le Modérateur, ou celui qui doit y présider. Il s'accordera avec le Dispensateur pour traiter de toutes les dépenses concernant la façon des prix et autres objets économiques, sauf à en rendre compte à la commission établie à ce sujet. Il aura soin de composer le programme, chaque année, après l'avoir communiqué aux Censeurs, ainsi que tous les ouvrages qui doivent paraître en public au nom de l'Académie.

Art. 9.

Il se souviendra de faire désigner de bonne

heure les personnes qui devront prononcer la semonce et l'éloge de Clémence. Quoique chacun des mainteneurs doive s'acquitter à son tour de ce tribut honorable , s'il arrivait cependant que personne ne fût prévenu à temps , ou que par quelque accident imprévu ceux qui auront accepté vinssent à manquer, ce serait au Secrétaire perpétuel ou au Secrétaire particulier à les remplacer, afin que l'Académie ne soit jamais privée d'orateur dans ces deux séances solennelles. Ils veilleront surtout l'un et l'autre à se faire remettre à propos, et à se procurer la copie de ces deux discours publics, et des éloges qui auront été prononcés durant le cours de l'année , pour les livrer à l'imprimeur dans le temps marqué. Aucun membre du corps , quel qu'il soit , ne sera dispensé de cette règle expresse de remettre ses ouvrages ; et celui qui , par une fausse modestie ou autre motif , voudrait s'y soustraire , sera dès lors déchu par le fait, et privé pendant dix ans du droit de suffrage.

Art. 10.

Si le Secrétaire perpétuel a besoin de secours pour la correspondance ou autres affaires académiques , le Secrétaire des assemblées particulières sera chargé de lui aider et de partager tous ses travaux. L'Académie passera à l'un et à l'autre les dépenses et les frais qu'ils porteront en compte. Au défaut du Secrétaire particulier, elle pourra lui donner un adjoint, si elle le juge nécessaire. Les uns et les autres veilleront à ce qu'on renouvelle chaque année le catalogue des membres qui composeront le corps des Jeux Floraux. Ce tableau doit être fait par ordre de réception, sans avoir égard aux dignités ni au rang qu'on occupe dans le monde (1).

Art. 11.

Le Secrétaire particulier des assemblées aura soin de faire la résumption de tous les ouvrages qui seront lus dans les assemblées particulières. Pour cet effet, chacun des académiciens lui remettra, huit jours après, l'ouvrage qu'il aura lu, afin que cette résumption puisse être faite et donnée au public le jour de la semonce. Il sera commissaire d'impression, comme le Secrétaire perpétuel, et le soulagera dans ses fonctions; de sorte qu'il pourra lui servir d'adjoint, sans qu'il soit besoin de le désigner expressément. La nomination de cet officier ne se fera que tous les trois ans, à la pluralité des suffrages, à la ren-

---

(1) Le rang d'ancienneté se compte d'après la date de la *réception*, et non d'après celle de la *nomination*. (*Délibération du* 23 *avril* 1847.) Aucun titre littéraire, étranger à l'Académie, ne sera donné aux mainteneurs dans le catalogue dont il est question au présent article. (*Délibération du* 28 *mars* 1810.)

trée du mois de janvier. Mais il pourra être continué autant de temps qu'on le jugera à propos, et qu'il y consentira. Tous les registres qui seront relatifs à son emploi et à celui du Secrétaire perpétuel , ainsi que tous les livres , les titres et effets qui peuvent appartenir à l'Académie , resteront sous la garde de l'un ou de l'autre. Ils ne pourront les prêter ni les communiquer à personne , sans une permission expresse, signée par les Censeurs.

Art. 12.

Le bedeau , qui était autrefois un personnage considérable parmi les sept premiers mainteneurs , en mil trois cent trente , et qui n'est aujourd'hui que le concierge ou portier de l'Académie, fera tout le service de la salle, la tiendra arrangée sous la clef ; il sera assidu à toutes les assemblées , pour être à portée d'exécuter les ordres qu'il recevra de la part des officiers de la compagnie. Sa discrétion et sa fidélité doivent être à l'épreuve.

Art. 13.

L'Académie aura un imprimeur particulier, qu'on choisira à la pluralité des suffrages, et qui aura droit d'assister aux séances publiques, et de marcher à la suite de l'Académie. Il n'imprimera aucun ouvrage, qu'il ne lui soit remis et signé par un des deux secrétaires, visé et contre-signé par le président et les deux censeurs, à peine de répondre de tous les inconvénients, et de refaire l'impression à ses dépens. Il prendra garde surtout que la copie des ouvrages ne sorte point de ses mains, et ne soit connue de personne avant le temps de la distribution des recueils; à quoi il se soumettra par écrit dans la police qui sera passée entre l'Académie et lui par l'entremise des Censeurs, auxquels est attribuée toute la manutention concernant l'impression des ouvrages.

TITRE TROISIÈME.

Des Assemblées publiques et particulières.

ARTICLE 1ᵉʳ.

L'ACADÉMIE tiendra sa première séance publique le second dimanche du mois de janvier de chaque année, après midi, pour entendre prononcer le discours de la semonce et la résumption des ouvrages qui auront été lus dans les assemblées particulières pendant le cours de l'année précédente (1). Cette séance sera uniquement remplie par la lecture de la semonce et de la résumption, sans qu'aucun des académiciens ni des capitouls puissent y prononcer d'autres ouvrages (2). La seconde séance se tiendra le premier du mois de mai, le matin, pour réciter en public les ouvrages des auteurs qui seront parvenus au

---

(1) Si la première séance publique ne peut avoir lieu le second dimanche de janvier, il faut au moins qu'elle ait lieu avant la fin de ce mois. (*Délibération du* 25 *janvier* 1829.)

(2) Depuis 1810, il est souvent arrivé que des académiciens lisaient des ouvrages de leur composition, après la semonce prononcée, quand il n'y avait pas de résumption.

L'usage des Rapports sur le concours, lus par le Secrétaire perpétuel ou son remplaçant, pendant qu'on va chercher les Fleurs, s'est aussi introduit depuis la même époque, et répond parfaitement au vœu exprimé à la fin de cet article 1ᵉʳ.

bureau général, ou qui auront quelque mérite d'ailleurs; la troisième, le trois mai, après midi, pour faire la distribution solennelle des prix, prononcer l'éloge de Clémence Isaure, bienfaitrice des Jeux Floraux, et pour lire les ouvrages des auteurs qui ont remporté les prix. Pour remplir toute la séance, quelqu'un des académiciens pourra lire un ouvrage, soit en vers ou en prose, durant le temps qu'on ira à l'église de la Daurade chercher les prix. L'éloge de Clémence se fera tout en français, et l'on en retranchera les phrases latines qu'on y ajustait autrefois à la manière des anciens. Il serait utile de traiter dans cet éloge un sujet littéraire, et surtout de faire la critique et la discussion des beautés et des défauts qui auront été remarqués dans les ouvrages présentés pour les prix de l'année.

Art. 2.

Les prix seront toujours déposés dans l'église de la Daurade, suivant l'ancienne et religieuse coutume. Les trois capitouls bailes iront les chercher avec trois commissaires de l'Académie, auxquels ils céderont le pas, en la forme et avec la marche accoutumée, suivis des trompettes et des hautbois aux gages de la ville, afin de conserver tout l'éclat possible à cette distribution antique.

Art. 3.

L'Académie s'assemblera encore en public toutes les fois qu'on installera un nouvel académicien, pour y entendre le remercîment du récipiendaire, avec la réponse du modérateur, et quelque ouvrage détaché, composé par quelqu'un des académiciens ; mais cet ouvrage aura été soumis auparavant, comme tous les autres, à la révision des Censeurs (1).

Art. 4.

Ceux qui assisteront aux assemblées publiques y viendront désormais sans robe et sans aucune marque de distinction d'état. On y prendra place au hasard, sans affectation quelconque, de sorte cependant que les anciens pourront, s'ils le veulent, conserver leur rang d'ancienneté. Les officiers nommés ci-dessus y présideront, dans l'ordre qui a été prescrit au titre second.

Art. 5.

Pour éviter à l'avenir aucune espèce d'inconvénient avec les capitouls, tout cérémonial sera

____

(1) Aujourd'hui, la séance d'installation commence par la lecture de l'éloge du prédécesseur de l'académicien nouvellement nommé. (*Voir ci-dessus la note sur l'art.* 11 , *tit.* 1er.)

supprimé. On ne se rassemblera plus sous l'orme du Collége Saint-Martial , ni dans le grand Consistoire ; chacun se rendra de son côté dans la salle des Illustres, ou une autre salle , jusqu'à ce que celle-ci soit réparée. On se rangera autour des tables en fer à cheval , couvertes d'un tapis vert , comme dans les autres académies. Le Modérateur sera placé au milieu, sur le fond du fer à cheval, ayant à sa droite le Sous-modérateur, et le Secrétaire perpétuel à sa gauche, en face des trois capitouls bailes, qui se placeront tous les trois hors du rang des académiciens. Le chef du consistoire prendra séance , comme simple particulier , parmi les autres académiciens, comme étant un des quarante mainteneurs, ainsi qu'il a été dit au titre premier.

Art. 6.

Le sieur de Niquet, premier président de notre parlement de Toulouse, chancelier actuel, ayant renoncé à tous les droits de sa place , conservera cependant jusqu'à sa mort la présidence dans toutes les assemblées publiques. Cette distinction lui est due à tant de titres , que personne n'en peut être blessé.

Art. 7.

Celui des académiciens qui présidera , aura

seul le droit de maintenir l'ordre , de donner la
parole dans la salle , ne pouvant être présidé
par personne dans aucune assemblée académique , comme il a été prescrit dans le titre neuf
des anciens statuts confirmés par lettres patentes
de mil six cent quatre-vingt-quatorze.

Art. 8.

Les inconvénients sans nombre qui se rencontrent dans les séances tenues au grand Consistoire étant bien reconnus , et la salle des Illustres paraissant la plus convenable , soit à cause
du voisinage de la salle des exercices particuliers de l'Académie, soit parce qu'il n'est rien
de plus propre à élever l'âme que l'image de ces
génies rares qui ont mérité un rang parmi les
hommes illustres de la patrie , on fera élever
autour des murs de cette salle des gradins pour
y placer les auditeurs de l'un et de l'autre sexe ,
et des siéges particuliers pour les membres des
autres académies. Ils y seront invités par billets
de convocation , tant pour rendre l'assemblée
plus brillante que pour rapprocher aussi souvent qu'il est possible les amateurs des sciences
et des arts , qui sont tous membres d'une même
famille , et dont les efforts réunis ne doivent ten-
dre qu'à reculer les bornes des connaissances
humaines. Ils s'y placeront au hasard et sans

prétention, pour conserver, autant qu'il se peut, l'esprit d'égalité et de liberté qui est l'âme des corps académiques.

Art. 9.

La statue de Clémence Isaure, à qui les mainteneurs des Jeux Floraux sont si redevables, sera transportée de la porte du greffe civil, dans la salle des Illustres, pour être plus à portée de recevoir les hommages d'une juste reconnaissance. Si cependant l'Académie jugeait à propos de quitter l'hôtel de ville, et de se transférer ailleurs, elle sera libre, comme elle l'était auparavant, d'emporter les effets, notamment la statue de Clémence, et d'aller tenir ses séances, tant publiques que particulières, où bon lui semblera ; et alors ce qui a été dit des trois capitouls bailes n'aura plus lieu, ainsi qu'il est porté par l'article trente-quatrième des anciens statuts (1).

Art. 10.

Les assemblées particulières de l'Académie se tiendront dans la salle ordinaire des exercices, tous les vendredis de chaque semaine, à moins qu'il ne se rencontre quelque fête solennelle, ou qu'on n'en convienne autrement. Elle vaquera

---

(1) Pour ce qui concerne la jouissance de la salle de Clémence Isaure, voir notamment le procès-verbal du 30 août 1809, pages 57 et suiv.

depuis le premier du mois de septembre jusques au premier vendredi du mois de janvier ; durant le temps du jugement des ouvrages , soit des bureaux particuliers, soit du bureau général ; et pendant la quinzaine de Pâques (1).

Art. 11.

L'exercice de ces assemblées littéraires sera au choix des membres qui les composent. Les beautés et les défauts des orateurs ou des poëtes grecs et latins étant aujourd'hui assez connus , chacun sera libre de s'exercer dans le genre qui lui sera le plus agréable et le plus assorti à un corps adonné principalement aux belles-lettres.

Art. 12.

La distribution du travail se fera le premier vendredi après le trois mai ; mais de telle sorte qu'il ne se passe aucune séance où on ne lise au moins un ouvrage de littérature. Le Modérateur demandera à chacun des assistants sa manière de penser sur l'ouvrage qui sera lu. On y opinera sans flatterie et sans affectation , avec cette fran-

---

(1) Aujourd'hui, les travaux des *bureaux* commençant à partir du 1er mars , les séances *ordinaires* cessent pendant les mois de *mars* et d'*avril*. Les délibérations des 23 mai 1835 , 26 mai 1837 et 26 juillet 1850 ont prescrit , en ce qui concerne les séances ordinaires , diverses dispositions annuellement reproduites dans le tableau de l'ordre du travail , imprimé et distribué à MM. les Académiciens.

chise qui doit caractériser les vrais philoso-
phes (1).

Art. 13.

On ne pourra inviter ni admettre personne à
aucune assemblée ordinaire, ni à aucune de celles
qui se tiennent pour l'examen des ouvrages, qui
ne soit du corps des Jeux Floraux, ou comme
maître ou comme mainteneur. Cependant s'il se
présentait quelqu'un d'un rang si distingué qu'on
crût convenable de l'admettre sans conséquence,
eu égard à sa dignité ou à son grand amour pour
les lettres, on pourra y délibérer, et son admis-
sion devra avoir les deux tiers des suffrages. S'il
est admis, on n'enverra aucun commissaire au-
devant pour le recevoir hors de la salle, et il
ne pourra introduire avec lui qu'une ou deux
personnes pour l'accompagner.

Art. 14.

Il sera tenu, à la fin de chaque trimestre, une
assemblée particulière entre tous les officiers
seulement, le Modérateur et Sous-modérateur
qui viendront d'être nommés, pour se rendre

(1) Pour ce qui concerne les articles 10, 11 et 12 (tit. 3) des
statuts, voir, outre les renseignements indiqués à l'art. 10, la
délibération du 21 août 1818. Voir aussi la note ci-après sur l'article 14 ; et, relativement à l'impression des ouvrages lus dans les
séances ordinaires, la délibération qui institue une commission
composée des deux présidents, des deux censeurs et des deux
secrétaires, avec droit aux auteurs de se pourvoir en appel devant
l'Académie. (*Délibération du 3 février* 1809.)

compte mutuellement de l'état de l'Académie ,
de ses affaires économiques , et des vues particulières qu'on peut avoir pour maintenir sa cons-
titution et pour veiller à l'exécution des règlements ; ce dont les Censeurs seront obligés de
rendre compte à l'assemblée du vendredi suivant , afin que chaque membre en particulier
puisse en être instruit et y délibérer (1).

Art. 15.

Comme il est important que chaque société
ait la faculté de se réformer elle-même , et de
perfectionner son régime intérieur suivant les
lumières de sa sagesse , si l'Académie avait de
bonnes raisons pour changer certains articles
des présents règlements , elle en conservera la
liberté ; pourvu que ce soit dans une assemblée
extraordinaire , à laquelle tous les Académiciens
seront appelés par des billets de convocation où
le sujet du délibéré sera énoncé ; et l'innovation
proposée ne sera censée obtenir la sanction nécessaire pour avoir force de loi , qu'après avoir
passé aux deux tiers des suffrages , avec le con-
sentement de notre très-cher et féal chancelier ,
protecteur des Jeux.

----

(1) Cette commission devra présenter, au commencement de
chaque année , un projet de règlement concernant les droits de
présence et de lecture, et un projet de budget. (*Délibérations des
22 janvier* 1836 , *7 avril* 1837, *28 juillet* 1843 *et 23 avril* 1847.)

TITRE QUATRIÈME ET DERNIER [1].

Du jugement des ouvrages aux bureaux particuliers et au bureau général. De ce qui concerne les prix et leur distribution.

ARTICLE 1er.

On conservera la forme ancienne de procéder au jugement des ouvrages. Tous ceux qui composent le corps des Jeux Floraux s'assembleront, au temps prescrit chaque année, dans la salle des exercices ordinaires. Le Modérateur nommera deux commissaires pour aller le lendemain barrer le registre du Secrétaire perpétuel en la forme ordinaire, afin qu'aucune pièce ne puisse être

---

[1] Extrait du 15e Registre de l'Académie des Jeux Floraux.

DU 22 FÉVRIER 1851.

Délibération interprétative du titre IV des Statuts, résumant les délibérations réglementaires, les précédents et les usages de l'Académie, en ce qui concerne ce même titre.

SECTION Ire. — *Des Bureaux particuliers.*

ART. 1er. *Le corps des Jeux Floraux* se divise en trois bureaux, selon la forme ancienne.

La *barre*, qui ne permet plus de *présenter* ni de *retirer* aucun ouvrage, est apposée au registre le 1er mars, à *deux heures* après

ajoutée ni supprimée. Chacun des assistants sera tout de suite interpellé pour connaître ceux qui sont à portée de tenir un bureau. Les trois académiciens qui auront consenti à les tenir, en seront censés présidents, et le Secrétaire fera porter chez eux la cassette qui renferme une des trois copies des ouvrages remis au concours, et cotés d'une lettre de l'alphabet. Ces trois bureaux seront formés, suivant l'usage, par ordre de réception, en faisant une classe séparée des absents et des non-assidus. Le plus ancien sera du premier bureau, et ainsi de suite par rang d'ancienneté, en recommençant jusqu'au dernier reçu. Mais, pour la plus grande commodité de certains juges qui pourront avoir des raisons particulières de faire quelque échange, ils seront libres de s'accorder entre eux, pour choisir, une fois pour toutes, le bureau qui se trouvera le plus à leur convenance.

---

midi. Le même jour, et trois heures après, le secrétaire perpétuel envoie aux présidents des bureaux les cassettes contenant, chacune, une copie des ouvrages présentés au concours.

Art. 2. Chaque bureau les place, selon leur mérite, à la 1re, à la 2e ou à la 3e classe. Il peut accorder une mention *simple* ou *double* à l'ouvrage qu'il laisse à la 3e classe.

Art. 3. Il faut les *deux tiers* des voix des membres présents, pour qu'un ouvrage monte à la 1re classe. La simple majorité suffit pour le porter à la 2e. En cas de partage, l'avis le plus sévère est suivi.

Art. 4. Chaque bureau nomme, dans son sein, un membre de la commission des *trois*, dont les pouvoirs sont déterminés art. 9.

Art. 2.

Les trois présidents assembleront séparément leurs bureaux le plus tôt possible, pour avoir le temps de procéder au jugement préparatoire. L'ordre dans lequel les ouvrages seront lus et examinés, sera réglé par le sort à chaque séance. On en formera trois classes : la première, de ceux qui auront de grandes beautés et peu de défauts ; la seconde, de ceux qui seront mêlés de bon et de mauvais ; et la troisième, de ceux qui sont absolument médiocres. S'il y a partage sur la classe à laquelle un ouvrage doit être rangé, l'avis le plus sévère et le moins favorable à l'auteur sera suivi. Nulle pièce ne sera censée à la première classe, qu'elle n'ait les deux tiers des suffrages. Les divers jugements seront inscrits

---

Si le secrétaire perpétuel (ou, en son absence, le secrétaire des assemblées) n'est pas nommé par son bureau pour faire partie de cette commission, il y sera toujours appelé ; mais il n'aura que voix consultative, afin de ne donner aucune prépondérance à l'un des trois bureaux.

Art. 5. Le 15 mars, au plus tard, les présidents des bureaux renvoient au secrétaire perpétuel les trois cassettes, contenant : 1º les ouvrages qui ont été, tous, examinés et classés ; 2º les procès-verbaux de leurs opérations, signés à chaque séance par le président, le secrétaire et les deux plus anciens membres présents du *corps des Jeux Floraux.*

SECTION II. — *Des premiers travaux du Bureau général ; de la Commission des* trois.

Art. 6. Le bureau général est convoqué pour le 16 mars par le

sur un petit registre particulier, dans lequel toutes les pièces présentées cette année seront désignées par la lettre alphabétique et par la devise. Le travail de chaque séance sera clos et signé par les deux plus anciens juges et par le président.

Art. 3.

Si cependant il arrivait qu'il y eût trop de difficulté pour avoir trois présidents des bureaux, ou qu'il n'y eût pas assez de juges présents en ville pour rassembler au moins trois personnes dans chaque bureau, on pourra alors tenir même les bureaux particuliers dans la salle des exercices ordinaires, à des jours différents, chacun à son tour, dans le même ordre qu'il a été prescrit, comme il en sera convenu ; et alors l'an-

---

secrétaire perpétuel. On désigne, par la voie du sort, *un président et un vice-président des Jeux.* Auront voix délibérative, à chaque séance du bureau général, *tous les mainteneurs et les maîtres présents.*

Art. 7. Le président des Jeux fait procéder au dépouillement général et *simultané* des trois procès-verbaux des bureaux particuliers. Par suite de ce dépouillement, tout ouvrage présenté au concours se trouve placé dans une des catégories suivantes :

§ 1er. A la 1re classe par les trois bureaux ;

§ 2e. A la 1re ou à la 2e classe par deux bureaux au moins ;

§ 3e. A la 1re ou à la 2e classe par un seul bureau ;

§ 4e. A la 3e classe, par les trois bureaux, *avec mention* par un bureau au moins ;

§ 5e. A la 3e classe par les trois bureaux, *sans mention.*

Art. 8. Tout ouvrage placé, *par un seul bureau,* à la 1re ou à

cien de chaque bureau y recueillera les suffrages, et y présidera.

Art. 4.

Après que les trois bureaux particuliers auront achevé leur premier examen, ils se réuniront dans un seul, appelé le bureau général, pour juger définitivement toutes les pièces présentées au concours. On élira au sort, pour ce bureau général, un président, qui nommera un rapporteur et un vérificateur à chaque ouvrage. Ils en liront chacun la moitié, sur laquelle il sera opiné de suite, et on prononcera sur la totalité de l'ouvrage. Comme le rapport des discours exige un peu plus de préparation, les rapporteurs, qui auront été nommés par le président, prendront un plus long délai pour faire leur rapport.

---

la 2e classe, est renvoyé à la commission des *trois*, qui se réunit le lendemain.

Art. 9. La commission des *trois* peut, à la simple majorité, confirmer le jugement rendu par un seul bureau, et porter l'ouvrage soumis à ce nouvel examen, à la 2e classe. Sa décision une fois transmise au bureau général, les pouvoirs de ladite commission sont expirés.

Art. 10. L'Académie n'accorde aucun prix, de quelque nature que ce soit, aux ouvrages placés à la 3e classe par les trois bureaux, ou par deux bureaux dont le jugement aura été confirmé par la commission des *trois*.

Art. 11. Les ouvrages restés à la 3e classe *avec mention*, sont spécialement recommandés au secrétaire perpétuel, chargé du rapport sur le concours.

Art. 12. Lorsqu'un ouvrage est monté seul à la 1re classe dans

Art. 5.

Les pièces qui auront été estimées de la troisième classe par les trois bureaux, ou même par deux seulement, seront exclues sans autre examen, et n'arriveront point au bureau général. Il n'y aura que celles qui seront montées à la première classe ou à la seconde, dans deux bureaux seulement. Mais un ouvrage qui, seul dans son genre, sera parvenu à la première classe dans les trois bureaux, ne sera plus examiné, et il aura le prix de droit. S'il se rencontrait cependant plusieurs ouvrages dans le même genre, qui eussent ainsi mérité partout la première classe, il faudrait alors les comparer entre eux, et cette comparaison sera la dernière opération, qu'on fera par le moyen

---

les trois bureaux particuliers, le bureau général, après l'avoir examiné, décide, à la simple majorité, et au scrutin secret, s'il doit avoir le prix de l'année ou un des prix inférieurs ; mais il devra toujours avoir un prix.

Si deux ou plusieurs ouvrages se trouvent dans le cas ci-dessus énoncé, il faut les comparer, en vertu des formes sommaires établies art. 20, *pour accorder à chacun*, selon son rang, *le prix* que déterminera l'Académie.

Art. 13. Les ouvrages classés, art. 7, § 2, ou portés à la 2e classe par la commission des *trois* en vertu de l'art. 9, seront examinés, en bureau général, conformément aux règles établies dans la section suivante.

SECTION III. — *Du jugement des ouvrages qui ne sont pas montés à la* 1re *classe dans les trois bureaux.*

Art. 14. Le bureau général examine genre par genre, et, dans

d'autant de rapporteurs qu'il y aura d'ouvrages dans le cas d'être comparés.

Art. 6.

A l'égard des pièces qui auront été jugées à la seconde classe dans deux bureaux ou dans trois, elles seront examinées et discutées de nouveau , pour désigner celles qui méritent de remonter à la première classe au bureau général ; c'est-à-dire , pour savoir si elles sont dignes du prix. Pour parvenir à cette première classe , un ouvrage doit avoir les deux tiers des suffrages en entier et à la rigueur, sans avoir égard aux fractions qui se rencontrent dans les nombres impairs.

Art. 7.

Lorsqu'un ouvrage , après avoir subi ce dernier examen , et avoir obtenu les deux tiers des

---

chaque genre, selon l'ordre de leur inscription, les ouvrages désignés article précédent. Cet examen se fait de la manière suivante.

Art. 15. Chaque ouvrage est remis, séance tenante, à deux rapporteurs désignés par le président. Immédiatement après (*) , il est lu en entier par le premier rapporteur. Chacun des mainteneurs et des maîtres présents, en donnant son opinion sur l'*ensemble* de l'ouvrage, vote sur la question de savoir s'il sera passé à une seconde lecture. Si la majorité décide qu'il n'y a pas lieu de passer à une deuxième lecture , l'ouvrage reste à la 2ᵉ classe et n'a point de prix.

Art. 16. Si l'Académie passe à une deuxième lecture , cette lecture est faite par le second rapporteur. Immédiatement après,

(*) Toutefois, les rapporteurs chargés d'un ouvrage en prose ne feront leur rapport qu'à l'une des séances suivantes. Ce dernier rapport peut être fait de vive voix ou par écrit.

suffrages, se trouvera seul dans son genre à la première classe, il aura le prix. S'il s'en rencontre deux ou trois dans le même genre, il faudra en venir à la comparaison, comme il a été dit, par des rapporteurs particuliers, qui seront nommés par scrutin à la pluralité des voix, et qui tireront chaque ouvrage au sort. Chacun des assistants pourra discourir à son tour à haute voix sur la comparaison qui sera proposée. On opinera par billet, et, alors seulement, à la pluralité des suffrages, sur l'ouvrage qui méritera la préférence pour le prix. On règlera une fois pour toutes, à la première séance, le jour et l'heure des bureaux généraux, qui se tiendront toujours dans la salle des exercices ordinaires.

---

les deux rapporteurs et les membres présents opinent, principalement sur les *détails* de l'ouvrage, et l'on vote au scrutin secret.

Art. 17. Les *deux tiers* des votes des membres présents sont nécessaires pour faire monter l'ouvrage à la 1re classe.

Tout ouvrage monté seul, dans son genre, à la 1re classe, *a droit à un prix*.

Art. 18. Il sera fait mention au procès-verbal des ouvrages qui, sans avoir les *deux tiers* des voix, en auraient réuni la *majorité*; et; à la fin des Jeux, ces ouvrages pourront, après une simple lecture, obtenir, à la *majorité* des suffrages, un des *prix d'encouragement* dont il est parlé art. 21.

Art. 19. Dans le cas exprimé au second paragraphe de l'art. 17, on vote sur-le-champ, au scrutin secret, et à la majorité des voix, d'abord pour savoir s'il faut donner le *prix de l'année* à l'ouvrage, et, subsidiairement, pour lui accorder, soit le prix réservé du genre, soit un des prix inférieurs.

Art. 20. Si plusieurs pièces du même genre arrivent à la

Art. 8.

Le président du bureau sera le maître de choisir ou faire tirer au sort le genre et l'ordre dans lequel chaque ouvrage devra être jugé. Il inscrira sur un plumitif le travail de chaque séance, et le signera chaque fois, avec les deux plus anciens juges assistants. Il signera aussi et paraphera toutes les pièces qui seront estimées dignes du prix, et celles qui devront être lues dans les séances publiques au mois de mai. Mais ce sera aux Censeurs, aux deux Secrétaires, et au président du bureau général à faire ce dernier choix, et à reviser en dernière analyse toutes les pièces qui auront été présentées au concours, pour désigner et parapher celles qui devront être imprimées ; afin que le Recueil ne soit point surchargé de tous les ouvrages qui peuvent s'être glissés au

---

1re classe, la comparaison en sera faite de la manière suivante : On relit sans interruption, dans une même séance, les ouvrages à comparer ; chaque membre présent vote par *scrutin de liste* sur leur mérite relatif, par le seul fait du rang qu'il leur donne sur sa *liste ;* et la pluralité des suffrages détermine l'ordre dans lequel ils *doivent* ou *peuvent* recevoir un prix. Le *premier* reçoit, conformément à l'article précédent, le prix que juge convenable de lui assigner l'Académie ; et on passe aussitôt après au scrutin, pour savoir si le second peut obtenir une fleur, qui doit être d'un ou de plusieurs degrés inférieure à la première ; le troisième, une fleur inférieure à la seconde ; et ainsi des autres.

Il est bien entendu que, lorsqu'un de ces ouvrages n'est reconnu digne d'aucun prix, il n'y a pas lieu d'en adjuger aux suivants, ni par conséquent d'accorder des prix d'encouragement,

bureau général par indulgence , et qu'on puisse réintégrer ceux qui auront échappé à la sagacité des juges.

ART. 9.

Après le jugement des ouvrages , l'Académie s'assemblera pour nommer par scrutin , et à la pluralité des suffrages, trois personnes qui proposeront des sujets pour le prix du discours de l'année suivante. Huit jours après, ces proposants porteront à l'assemblée les sujets qu'ils auront choisis, et on déterminera celui qui paraîtra le meilleur , à la pluralité des suffrages. Chacun des assistants pourra aussi proposer d'autres sujets.

ART. 10.

Toutes personnes , de quelque qualité et de quelque pays qu'elles soient , de l'un et de l'autre

---

en vertu de l'art. 18 , aux ouvrages du même genre *qui n'auraient eu que la simple majorité*.

ART. 21. Les prix accordés à titre d'*encouragement*, devront toujours être d'une valeur inférieure à celle des prix décernés aux ouvrages du même genre.

Le bureau général pourra désormais accorder, à titre d'encouragement, un *œillet d'argent*, applicable indifféremment à tous les *genres*. Cette fleur sera de la valeur du lis.

Le lis demeurera exclusivement consacré aux ouvrages en l'honneur de la Vierge.

ART. 22. L'Académie, en accordant une distinction à un ouvrage , se réserve toujours le droit d'en modifier le titre et de déterminer le *genre* dans lequel il doit concourir. L'auteur qui s'y

sexe , pourront aspirer aux prix , à l'exception de celles qui auront le droit d'en être juges. Le même auteur ne pourra néanmoins obtenir le même prix que trois fois en sa vie ; mais il pourra les avoir tous ou plusieurs dans une même année. Celui qui aura remporté trois prix du nombre desquels sera l'ode, ou trois fois le prix du discours, pourra obtenir des lettres de maître , dans la forme qui a été prescrite au titre premier, à moins qu'il ne soit membre de quelque ordre régulier ; et dans ce cas , il devrait avoir remporté douze prix , trois de chaque genre.

Art. 11.

L'Académie pourra distribuer tous les ans cinq prix , ou cinq fleurs , ou bien les réserver, si

---

refuserait renoncerait à tous ses avantages. Il en serait de même s'il ne voulait point faire les *suppressions* ou *corrections* jugées indispensables par l'Académie.

SECTION IV. — *Dispositions générales.* — *Programme.*

Art. 23. Lorsqu'une pièce a été jugée par le bureau général, le bureau général ni l'Académie ne peuvent revenir sur cette décision, à moins qu'on n'ait la preuve que l'ouvrage a été publié avant la séance du 3 mai.

Art. 24. Sont exclus du concours, les imitations , les traductions, les pièces déjà connues ou présentées à d'autres académies, celles du genre burlesque ou satirique , celles qui attaqueraient la religion, les mœurs ou l'état, les ouvrages publiés ou dont l'auteur se serait fait connaître avant le jugement définitif.

Art. 25. Après la clôture des Jeux, l'Académie nomme , au scrutin secret , une commission de trois membres, chargée de

elle le juge à propos. Les fleurs seront : une amarante d'or, destinée à une ode, dont le sujet, le genre et la mesure seront au gré des auteurs ; une églantine d'or, destinée à un discours sur le sujet proposé chaque année ; une violette d'argent, à un poëme héroïque de soixante à cent vers, ou à une épître en vers, dont le sujet et la mesure seront au choix des auteurs ; un souci d'argent, pour une élégie, églogue ou idylle, également au choix des auteurs ; et un lis d'argent, destiné uniquement à un sonnet ou hymne à l'honneur de la Vierge. Les autres fleurs, s'il y en a de réservées, pourront être accordées sans conséquence, et pour l'encouragement des auteurs, à certains ouvrages qui auront concouru et subi la comparaison au bureau général, pourvu que ces prix soient d'un genre au-dessous, comme le prix du genre bucolique à un poëme, et celui d'un poëme à une ode, etc.

---

proposer des sujets de discours ; et elle détermine, dans une nouvelle séance, celui qui doit être porté au programme de l'année suivante. L'Académie peut décider que l'églantine d'or sera d'une valeur *double* ou *triple*, si l'importance du sujet lui fait croire qu'il est utile de le proposer une *seconde*, puis une *troisième et dernière* fois.

SECTION V. — *Du Recueil, et des Séances publiques des 1ᵉʳ et 3 mai.*

Art. 26. Les pièces couronnées ou imprimées au Recueil, por-

Art. 12.

Les ouvrages qui seront des traductions ou des imitations, qui auront été connus ailleurs, et présentés à d'autres Académies, qui auront quelque chose de burlesque, de satirique, d'indécent, ou contre la religion et l'état, seront exclus des prix, de même que ceux dont les auteurs se seront fait connaître par quelque sollicitation directe ou indirecte, avant que le bureau général ait prononcé.

Art. 13.

Les ouvrages qu'on reconnaîtra et prouvera n'avoir pas été faits par les personnes qui s'en diront les auteurs, seront exclus du prix. Ceux qui traiteront de matières théologiques seront approuvés par deux docteurs en théologie; parce que l'Académie est censée n'adopter aucun système ni aucune opinion dans aucun genre. Chaque auteur désignera son ouvrage, non-seulement

---

tent, après leur titre, et selon leur droit, l'une des désignations suivantes, déterminant leur mérite relatif :

    . . . . . qui a *remporté le prix ;*

    . . . . . qui a *obtenu une fleur réservée* (qu'il faut désigner);

    . . . . . qui a *concouru pour le prix* (si l'ouvrage a obtenu une deuxième lecture, en vertu de l'art. 15);

    . . . . . qui a *été présenté au concours* (pour toute autre pièce du concours imprimée au Recueil).

Art. 27. Une commission est chargée de surveiller l'impression des travaux particuliers de l'Académie, de désigner les pièces du concours qni doivent ou peuvent être insérées au Recueil, et

par le titre, mais par une devise ou sentence particulière, que le Secrétaire perpétuel écrira sur son registre et sur le reçu qu'il en fera. En vertu de ce *récépissé*, bien et dûment vérifié, les auteurs, qui auront été avertis, se présenteront, après que le bedeau les aura invités et appelés par la sentence de leurs ouvrages, et on leur confiera le prix pour le faire courir dans l'assemblée. On ne saurait trop leur recommander de venir eux-mêmes le recevoir de la main du Modérateur. S'ils ne le peuvent pas, ils enverront à une personne connue et domiciliée à Toulouse, leur procuration en bonne forme, dans laquelle ils se déclareront auteurs des ouvrages couronnés. Le Secrétaire sera le maître de ne délivrer définitivement le prix aux uns ni aux autres que huit jours après la séance, pour avoir le temps de prendre les informations nécessaires, et éviter toute surprise à cet égard. Tous ces

d'en fixer l'ordre. Cette commission se compose du *secrétaire perpétuel*, qui la convoque et la préside ; du *secrétaire perpétuel adjoint*, s'il en existe ; du *secrétaire des assemblées* ; du mainteneur ou du maître *qui a présidé les Jeux*, et des *deux censeurs*. La décision est prise à la majorité des commissaires présents. En cas de partage, la voix du secrétaire perpétuel est prépondérante.

Art. 28. L'Académie a droit de faire imprimer dans son Recueil, en totalité ou en partie, chacune des pièces présentées au concours, dont une copie doit rester dans ses archives. Un auteur, s'il n'obtient pas de prix, peut seulement interdire de publier son nom.

Art. 29. Les ouvrages qui, sans avoir été jugés dignes d'un

règlements et autres concernant la distribution des prix et les auteurs qui y aspirent, seront rédigés en substance et présentés dans le programme qui sera fait chaque année, afin que le public n'en puisse prétendre cause d'ignorance, et qu'on soit fidèle à les observer dans tous les points.

Art. 14.

Et afin que les présents Statuts soient gardés et observés selon leur forme et teneur, ordonnons aux capitouls et corps de ville de Toulouse, de fournir tout ce qui sera nécessaire à l'exécution d'iceux, et d'en observer exactement le contenu en tout ce qui peut les concerner. Si DONNONS EN MANDEMENT à nos amés et féaux conseillers les gens tenant notre cour de parlement de Toulouse, et tous autres officiers, que ces présentes et lesdits statuts ils fassent lire, publier et registrer partout où il appartiendra ; et au cas qu'il survînt des contestations sur l'exécution desdits règlements,

---

prix, ont mérité l'insertion au Recueil, sont lus à la séance publique du 1er mai. Toutes les pièces couronnées sont lues à la séance publique du 3 mai.

Le Recueil n'est publié ni remis aux mainteneurs et aux maîtres, qu'après la Fête des Fleurs.

SECTION VI. — *Disposition générale relative aux quatre titres des* Statuts.

Art. 30. Dans les votes de l'Académie, les *billets blancs* expriment un refus, un vote défavorable ; et, par conséquent, ils comptent au nombre de ceux qui sont exigés pour rendre un scrutin valable, et pour fixer le chiffre relatif de la *majorité.*

voulons qu'elles demeurent commises et décidées par la grand'chambre de notre dite cour de parlement de Toulouse, à laquelle toute connaissance en a été attribuée en mil six cent quatre-vingt-quatorze, et interdite à tous autres juges, à peine de nullité. Ordonnons, en outre, que l'Académie des Jeux Floraux restera toujours sous notre protection immédiate, celle de notre très-cher et féal chancelier, et de ses successeurs ; qu'elle sera reçue, comme par ci-devant, dans toutes les actions publiques, à l'instar des compagnies souveraines ; et que, vu l'antiquité de son origine, elle conservera la préséance sur toutes les autres académies royales de la même ville. Voulons qu'aux copies des présentes et desdits statuts, bien et duement collationnées, foi soit ajoutée comme aux originaux ; dérogeant pour cet effet à tous édits, déclarations et règlements, et à toutes lettres à ce contraires, CAR tel est notre plaisir. Et afin que ce soit chose ferme et stable à toujours, nous y avons fait mettre notre scel.

DONNÉ à Compiègne, au mois d'août, l'an de grâce mil sept cent soixante-treize, et de notre règne le cinquante-huitième. *Signé*, LOUIS ; *et plus bas* : par le Roi, PHELYPEAUX. *Visa*, DE MAUPEOU.

EXTRAIT DES REGISTRES DU PARLEMENT.

Vu par la Cour l'édit donné par le Roi à Compiègne, au mois d'août mil sept cent soixante-treize, contenant nouveaux règlements ou statuts pour l'Académie des Jeux Floraux à Toulouse, signé, LOUIS ; *Et plus bas :* Par le Roi, PHELYPEAUX ; *Visa,* DE MAUPEOU ; *scellé du grand sceau de cire verte, sur lacs de soie verte et rouge ; ensemble l'ordonnance de soit-montré au procureur général du Roi, signée,* DE BASTARD ; *et les conclusions dudit procureur général du Roi, aux fins du registre.*

LA COUR a ordonné et ordonne que ledit édit sera enregistré sur ses registres, pour être gardé et exécuté suivant sa forme et teneur, et que copies collationnées en seront envoyées par le procureur général du Roi, duement imprimées, aux Capitouls de la ville de Toulouse, pour être ledit édit enregistré sur les registres du greffe de l'hôtel-de-ville, à la diligence du substitut dudit procureur général du Roi, audit hôtel-de-ville, qui sera tenu d'en certifier la Cour dans huitaine. PRONONCÉ *à Toulouse, en parlement, le cinq février mil sept cent soixante-quatorze. Collationné,* LEBÉ. *Monsieur* DE BASTARD, *rapporteur. Contrôlé,* VERLHAC.

Collationné par nous écuyer, conseiller-secrétaire du Roi, maison-couronne de France , audiencier en la chancellerie de Languedoc, près le parlement de Toulouse.